D1269478

DISCARD

Date: 10/5/18

SP J 599.4 DIE
Dieker, Wendy Strobel.,
El murciélago /

PALM BEACH COUNTY
LIBRARY SYSTEM
3650 SUMMIT BLVD.
WEST PALM BEACH, FL 33406

EL MURCIÉLAGO

por Wendy Strobel Dieker

AMICUS

alas

dientes

Busca estas palabras
y estas imágenes a
medida que lees.

orejas

patas

El sol se oculta. Los murciélagos salen volando de su hogar.

¿Ves sus alas? El murciélago es un mamífero volador.

alas

¿Ves sus ojos? Los murciélagos
no ven muy bien.
¿Cómo encuentra comida
un murciélago?

orejas

¿Ves sus grandes orejas? El murciélago escucha dónde están los insectos.

dientes

¿Ves sus dientes? ¡Ñam! El murciélago come insectos.

patas

¿Ves sus patas?
Los murciélagos cuelgan
patas arriba.

El sol sale. Los murciélagos
se reúnen en un lugar oscuro.
Dulces sueños, murciélagos.

Spot es una publicación de Amicus
P.O. Box 1329, Mankato, MN 56002
www.amicuspublishing.us

Copyright © 2018 Amicus. Todos los derechos internacionales reservados en todos los países. Prohibida la reproducción total o parcial de este libro por cualquier método sin el permiso por escrito de la editorial.

Información del Catálogo de publicaciones de la Biblioteca del Congreso
Names: Dieker, Wendy Strobel.
Title: El murciélago / por Wendy Strobel Dieker.
Other titles: Bats. Spanish
Description: Mankato, Minnesota : Amicus, [2018] | Series: Spot. Animales del patio | Audience: K to grade 3.
Identifiers: LCCN 2017005097 | ISBN 9781681512709 (library binding : alk. paper)
Subjects: LCSH: Bats--Juvenile literature.
Classification: LCC QL737.C5 D5418 2018 | DDC 599.4--dc23
LC record available at https://lccn.loc.gov/2017005097

Impreso en los Estados Unidos de América

10 9 8 7 6 5 4 3 2 1

Rebecca Glaser, editora
Deb Miner, diseño de la serie
Ciara Beitlich, diseño del libro
Holly Young, investigación fotográfica
Traducción de Victory Productions,
    www.victoryprd.com

Fotos de AgeFotoStock 1; Alamy Stock Photo 4-5, 6-7, 12-13, 14-15; Getty Images 3; Shutterstock portada, 8-9, 10-11

EL MURCIÉLAGO

alas

dientes

¿Hallaste estas palabras y estas imágenes?

orejas

patas